Luis y las bicicletas

por Susan McCloskey

ilustrado por
Kimberly Kim

Scott Foresman

Oficina editoriales: Glenview, Illinois • New York, New York
Ventas: Reading, Massachusetts • Duluth, Georgia
Glenview, Illinois • Carrollton, Texas • Menlo Park, California

Les presento a Luis.

Luis está cargado de bicicletas.
Muchísimas bicicletas.

¿Hace mucho calor afuera?
A Luis no parece importarle.
¡Mira cómo va!

¿Hace mucho frío afuera?
A Luis no parece importarle.
¡Mira cómo va!

Luis baja las colinas.
Le parece divertido.
¡Vamos, Luis!

Luis sube las colinas.
Es un poco más difícil.
Pero Luis puede subir.

¡Oh, no!
¡Esta colina es empinada!

¡Oh, no!
¡Esta colina es muy empinada!
¿Lo logrará Luis?

¡Oh, no!
¡Es demasiado empinada!
¡Y lleva demasiadas bicicletas!

Todos necesitamos ayuda a veces.
¿Te gustaría ayudar a Luis?

Ayúdalo a subir esta calle.

¿Y a ti?
¿Te gustaría ayudar a Luis?
Vamos todos a ayudar.
Trato hecho.

Ya está hecho.
Así está mucho mejor.
Ya Luis no está tan cargado.
Podrá llegar hasta arriba.

¡Gracias por ayudar a Luis!
Yo sabía que lo harían.
Luis está contento.

¡Míralo en la calle!
¡Mira cómo va!